काशी के बारह ज्योतिर्लिंग

डॉ. जगदीश पिल्लई

Copyright © Dr. Jagadeesh Pillai
All Rights Reserved.

|| काशी के बारहों ज्योतिर्लिंगों को समर्पित ||

क्रम-सूची

विश्वनाथष्टकम्   vii

प्रार्थना   ix

आमुख   xi

लेखक का परिचय   xiii

खण्ड 1

  1. काशी सोमेश्वर ज्योतिर्लिंग   3

खण्ड 2

खण्ड 3

खण्ड 4

  2. काशी मल्लिकार्जुन ज्योतिर्लिंग   13

खण्ड 5

खण्ड 6

खण्ड 7

  3. काशी महाकालेश्वर ज्योतिर्लिंग   23

खण्ड 8

खण्ड 9

खण्ड 10

  4. काशी ओंकारेश्वर ज्योतिर्लिंग   33

खण्ड 11

खण्ड 12

खण्ड 13

खण्ड 14

क्रम-सूची

5. काशी केदारेश्वर ज्योतिर्लिंग   43

खण्ड 15

खण्ड 16

खण्ड 17

6. काशी भीमाशंकर ज्योतिर्लिंग   53

खण्ड 18

खण्ड 19

7. काशी विश्वेश्वर महादेव मंदिर   59

खण्ड 20

8. काशी त्र्यंबकेश्वर ज्योतिर्लिंग   65

खण्ड 21

खण्ड 22

खण्ड 23

9. काशी वैद्यनाथ ज्योतिर्लिंग   73

खण्ड 24

10. काशी नागेश्वर ज्योतिर्लिंग   79

खण्ड 25

11. काशी रामेश्वर ज्योतिर्लिंग   85

खण्ड 26

12. काशी घृष्णेश्वर ज्योतिर्लिंग   91

News Reference   95

Credit And Reference   97

विश्वनाथष्टकम्

गङ्गातरङ्ग रमणीय जटाकलापं
गौरीनिरन्तरविभूषितवामभागम् ।
नारायणप्रियमनङ्गमदापहारं
वाराणसीपुरपतिं भज विश्वनाथम् ॥ १ ॥

वाचामगोचरमनेकगुणस्वरूपं
प्वारार्गीथनाशविष्णुसुरसेवितपादपीठम् ।
वामेन विग्रहवरेण कलत्रवन्तं
वाराणसीपुरपतिं भज विश्वनाथम् ॥ २ ॥

भूताधिपं भुजगभूषणभूषिताङ्गं
व्याघ्राजिनाम्बरधरं जटिलं त्रिनेत्रम् ।
पाशाङ्कुशाभयवरप्रदशूलपाणिं
वाराणसीपुरपतिं भज विश्वनाथम् ॥ ३ ॥

शीतांशुशोभितकिरीटविराजमानं
भालेक्षणानलविशोषितपञ्चबाणम् ।
नागाधिपारचितभासुरकर्णपूरं
वाराणसीपुरपतिं भज विश्वनाथम् ॥ ४ ॥

पञ्चाननं दुरितमत्तमतङ्गजानां
नागान्तकं दनुजपुङ्गवपन्नगानाम् ।
दावानलं मरणशोकजराटवीनां
वाराणसीपुरपतिं भज विश्वनाथम् ॥ ५ ॥

तेजोमयं सगुणनिर्गुणमद्वितीयं
आनन्दकन्दमपराजितमप्रमेयम् ।

नागात्मकं सकलनिष्कलमात्मरूपं
वाराणसीपुरपतिं भज विश्वनाथम् ॥ ६ ॥

आशां विहाय परिहृत्य परस्य निन्दां
पापे रतिं च सुनिवार्य मनः समाधौ ।
आदाय हृत्कमलमध्यगतं परेशं
वाराणसीपुरपतिं भज विश्वनाथम् ॥ ७ ॥

रागादिदोषरहितं स्वजनानुरागं
वैराग्यशान्तिनिलयं गिरिजासहायम् ।
माधुर्यधैर्यसुभगं गरलाभिरामं
वाराणसीपुरपतिं भज विश्वनाथम् ॥ ८ ॥

वाराणसीपुरपतेः स्तवनं शिवस्य
व्याख्यातमष्टकमिदं पठते मनुष्यः ।
विद्यां श्रियं विपुलसौख्यमनन्तकीर्तिं
सम्प्राप्य देहविलये लभते च मोक्षम् ॥ ९ ॥

इति श्रीव्यासकृतम् विश्वनाथष्टकम् पूर्ण ॥

प्रार्थना

सौराष्ट्रे सोमनाथं च श्रीशैले मल्लिकार्जुनम् उज्जयिन्याम्
महाकालमोंकारेश्वर परमेश्वरम् ।
केदारम् हिमवत्पृष्ठे डाकिन्याम्

भीमशंकरम् वाराणस्याम् च विश्वेशम् त्र्यंबकम् गौतमीतटे।।

वैधनाथं चिता भूमौ नागेशं दारूकावने।
सेतुबन्धे च रामेशं घुश्मेशं तुशिवालये।।

द्वादशैतानि नामानि प्रातरूत्थायः पठेत।
सर्वपापेर्विनिमुक्तः सर्वसिदि्धं फलम् लभेत।।

(शि. पु. कोटि रूद्र संहिता 1/21-24)

❦

आमुख

काशी के गली मोहल्ले एवं पौराणिकता से दुनियाभर के सभी लोग प्रभावित रहते हैं, कई साल पहले जब स्कन्दपुराण में काशी खण्ड पढ़ रहे थे तब समझ आया की काशी में ही बारहों ज्योतिर्लिंगों का मंदिर है और कोई भक्त चाहे तो सुबह से शम्म तक में बारहों ज्योतिर्लिंग का दर्शन प्राप्त कर सकते हैं|

वैसे तो भारत में अलग अलग जगह पर स्थित बारहों जगह पर पाना शायद सब के लिए आसान नहीं होगा, मगर जो भक्तगण काशी आ सकते हैं वो लोग यहीं पर बारहों ज्योतिर्लिंग का दर्शन एक दिन में ही कर सकते हैं या सुविधानुसार दो तीन तिन में कर सकते हैं|

स्कन्दपुराण के काशी खण्ड को पढ़ते हुए एक एक ज्योतिर्लिंग का दर्शन करने की इच्छा हुई और उसके खोज में निकल पड़े| करीब डेढ़ महीने लगे मुझे बारहों का दर्शन करने में| कुछ ज्योतिर्लिंग मंदिर के अगल बगल रहने वाले स्थानीय लोगों को भी बगल में स्कन्दपुराण के काशी खण्ड में वर्णित ज्योतिर्लिंग मंदिर होने के बारे में जानकारी ही नहीं थी|

फिर कला एवं फोटोग्राफी करने वाले बच्चों को बारहों ज्योतिर्लिंग का फोटोग्राफी करने को कहा गया और धीरे धीरे सभी को इसकी जानकारी देने लगे|

इस पुस्तक में काशी के बारहों ज्योतिर्लिंग कहाँ कहाँ स्थित है उसकी जानकारी दिया हुआ है|

लेखक का परिचय

डॉ. जगदीश पिल्लई एक उत्साही पाठक, लेखक और सच्चे शोध विद्वान है जिनका का जन्म भगवान शिव के नगरी वाराणसी में हुआ था। वह वैदिक विज्ञान में पी.एच.डी. किया हुआ है| वह जन्मजात गुणों, रचनात्मक विचारों और कई उल्लेखनीय उपलब्धियों के साथ एक बहुआयामी पॉलीमैथ है। यद्यपि उनकी जड़ें "गॉड्स ओन कंट्री" (केरल) तक फैली हुई हैं| वाराणसी के निवासी उन पर गर्व महसूस करते हैं और उन्हें वाराणसी के एक बच्चे के रूप में मानते हैं जो बिना किसी अपेक्षा के हर व्यक्ति की जरूरत को पूरा करता है। उनकी प्रोफाइल के गहन अध्ययन से पता चलता है कि उन्होंने कामयाबी के कई सारे पंख जोड़े हैं जो उन्हें काफी अनोखा बनाते हैं। वह निम्नलिखित विषयों में चार बार गिनीज बुक ऑफ वर्ल्ड रिकॉर्ड धारक हैं:

(1) "स्क्रिप्ट टू स्क्रीन" जो उन्होंने कनाडा के लोगों द्वारा पहले के सेट रिकॉर्ड को तोड़कर कम से कम समय के भीतर कला एनीमेशन फिल्म का निर्माण और निर्देशन करके हासिल की। उनके नाम पर कई राष्ट्रीय और अंतर्राष्ट्रीय पुरस्कार और सम्मान भी हैं।

(2) पोस्ट कार्ड की सबसे लंबी लाइन जो उन्होंने 16300 पोस्ट कार्डों द्वारा भारतीय डाक दिवस के 163 साल के अवसर पर की है। यह कार्यक्रम भारतीय ध्वज के बारे में एक प्रश्नावली से भी जुड़ा था।

(3) सबसे बड़ा पोस्टर जागरूकता अभियान - यह "बेटी बचाओ - बेटी पढाओ" विषय पर जागरूकता अभियान तैयार करके प्राप्त किया गया था।

(4) सबसे बड़ा लिफाफा - प्रधानमंत्री की पहल 'मेक इन इंडिया' को श्रद्धांजलि के लिए - उन्होंने रद्दी कागजों का उपयोग करके लगभग

4000 वर्ग मीटर का लिफाफा बनाया है।

(5) भारत के सत्तरवें स्वतंत्रता दिवस को मनाने के लिए 210 किलो के केक पर 70000 मोमबत्तियां जलाकर वर्ल्ड रिकॉर्ड्स इंडिया में दर्ज अपना नाम दर्ज किया।

(6) सारनाथ के धमेक स्तूप पर 17 भाषाओं में डबिंग करके एक वृत चित्र बनाया है जिसका परिणाम गिनीज वर्ल्ड रिकॉर्ड्स से प्रतीक्षारत है।
वे गीता शिक्षण में बहुमुखी प्रतिभा के धनी हैं। युवा पीढ़ी उनके गीता शिक्षण से प्रेरित है और उन्होंने अपने निरंतर प्रेरक, प्रोत्साहन और शिक्षाओं के माध्यम से कई युवाओं के जीवन को बदल दिया है।

उन्होंने गायत्री मंत्र को 1000 अलग-अलग धुनों में गाया है।

उन्होंने 108 अलग-अलग धुनों में हनुमान चालीसा को गाया है।

उन्होंने सैकड़ों संस्कृत भजन, देशभक्ति गीत आदि की रचना और गायन किया है।

उन्होंने कई सरकारी जागरूकता अभियानों के लिए कई लघु फिल्मों और वृत्तचित्रों का लेखन और निर्देशन किया है।

उन्होंने वीडियो और फोटोग्राफी के माध्यम से विभिन्न मुद्दों पर जागरूकता अभियान फैलाने के लिए यूपी पुलिस और केरल पुलिस को स्वैच्छिक सेवाएं दी हैं।

वह भारतीय संस्कृति, भारतीय मंदिरों और असाधारण लोगों के जीवन पर हजारों किताबें लिखने की राह पर हैं।

यह विश्वास करना कठिन है कि उन्होंने एक विशेष शहर (वाराणसी) पर

100 से अधिक वृत्तचित्रों का निर्माण और निर्देशन किया है, जो अकेले एक व्यक्ति द्वारा किया गया है।

उन्होंने 25 से अधिक लड़कों और लड़कियों को विभिन्न रचनात्मक और अभिनव तरीकों के माध्यम से विश्व रिकॉर्ड हासिल करने में मदद और मार्गदर्शन किया है।

एक बहुमुखी व्यक्ति जो ईश्वर प्रदत्त आशीर्वाद का उपयोग करके अपनी बुद्धि का सबसे अच्छा उपयोग करता रहता है| इसलिए वह कई चीजों को सीखने, अनुभव करने और प्रयोग करने और भेदभाव और असमानताओं की इस दुनिया में चमत्कार करने की अपार क्षमता प्रदान करता है। .

वह एक ही समय में एक शिक्षक और एक छात्र है जो हमेशा हर दिन सीखता है और हर दिन किसी न किसी को कुछ न कुछ पढ़ाता है। एक मास्टर के तौर पर उनकी कमजोरी यह थी कि वह कभी किसी खास विषय पर नहीं टिकते। शायद यही कमजोरी उसे किसी भी क्षेत्र में महारत हासिल करने की ताकत देती है।

उनका प्रत्येक दिन एक नया विषय सीखने के साथ शुरू होता है और वह अपना अधिकांश समय प्रयोग और शोध करने में व्यतीत करते हैं।

वह एक निस्वार्थ सामाजिक कार्यकर्ता और एक प्रेरक वक्ता भी हैं।

उनका जीवन भी संघर्ष, उतार-चढ़ाव और असफलताओं से भरा रहा है। लेकिन उन्होंने कभी हार नहीं मानी और आत्मविश्वास से भरे अपने सभी परीक्षणों और क्लेशों का सामना किया। आज वह एक सफल युवक है जिसके पास बहुत जोश और समृद्ध जीवन का अनुभव है।

उन्होंने अपनी ही धुन से पूर्ण रामचरित मानस 51 घंटे का ऑडियो

गाया है। उन्होंने पूरी भगवद-गीता को भी अपनी धुन में एक लयबद्ध पृष्ठभूमि के साथ गाया है।

उन्होंने 50 अलग-अलग भाषाओं में "लोका: समस्ता: सुखिनो भवन्तु" भी गाया है।

वर्तमान में वेद, उपनिषद, पुराण, भगवद गीता आदि पर विस्तृत और वैज्ञानिक अध्ययन पर काम कर रहे हैं।

वर्तमान में, वह 'यूरेशिया डिजिटल यूनिवर्सिटी' के मानद चांसलर हैं।

पुरस्कार

चार बार गिनीज वर्ल्ड रिकॉर्ड्स में नाम दर्ज|
महात्मा गांधी विश्व शांति पुरस्कार के विजेता|
महात्मा गांधी वैश्विक शांति राजदूत|
काशी रत्न पुरस्कार|
डॉ० एपीजे अब्दुल कलाम मोटिवेशनल पर्सन ऑफ द ईयर 2017|
मदर टेरेसा पुरस्कार|
इंदिरा गांधी प्रियदर्शिनी पुरस्कार|
भारत विकास रत्न पुरस्कार|
उद्योग रत्न पुरस्कार|
विज्ञान प्रसार पुरस्कार|
पूर्वांचल रत्न पुरस्कार|

डॉ. जगदीश पिल्लई वैदिक साइंस, भगवद्गीता आदि के टीचर है| उसके आलावा लेखक, गायक, फिल्म मेकर, जेमोलोजिस्ट, आस्ट्रो-वास्तु कंसलटेंट, वर्ल्ड रिकॉर्ड कंसलटेंट, प्राणिक हीलर, स्पिरिचुअल काउंसलर, टैरो कार्ड रीडर आदि विषयों में भी महारत हासिल है|

आप आल इंडिया मलयाली एसोसिएशन उत्तर प्रदेश के चेयरमैन है एवं भारतीय मानवाधिकार एसोसिएशन के 'संस्कृति एवं संस्कार' का राष्ट्रीय सचिव भी है|

1

काशी सोमेश्वर ज्योतिर्लिंग

1

काशी सोमेश्वर ज्योतिर्लिंग

काशी में स्थित सोमेश्वर ज्योतिर्लिंग गुजरात में काठियावाड़ के प्रभास क्षेत्र में स्थित सोमनाथ की प्रतिकृति है जो द्वादश ज्योतिर्लिंगों में से एक है।

काशी खण्ड के अनुसार वाराणसी में सोमेश्वर ज्योतिर्लिंग मान मंदिर घाट के समीप स्थित है।

गुजरात सोमनाथ मन्दिर

सोमनाथ मन्दिर भूमण्डल में दक्षिण एशिया स्थित भारतवर्ष के पश्चिमी छोर पर गुजरात नामक प्रदेश स्थित, अत्यन्त प्राचीन व ऐतिहासिक शिव मन्दिर का नाम है। यह भारतीय इतिहास तथा हिन्दुओं के चुनिन्दा और महत्वपूर्ण मन्दिरों में से एक है। इसे आज भी भारत के 12 ज्योतिर्लिंगों में सर्वप्रथम ज्योतिर्लिंग के रूप में माना व

जाना जाता है। गुजरात के सौराष्ट्र क्षेत्र के वेरावल बन्दरगाह में स्थित इस मन्दिर के बारे में कहा जाता है कि इसका निर्माण स्वयं चन्द्रदेव ने किया था, जिसका उल्लेख ऋग्वेद में स्पष्ट है।

गुजरात सोमनाथ मन्दिर

यह मन्दिर हिन्दू धर्म के उत्थान-पतन के इतिहास का प्रतीक रहा है। अत्यन्त वैभवशाली होने के कारण इतिहास में कई बार यह मंदिर तोड़ा तथा पुनर्निर्मित किया गया। वर्तमान भवन के पुनर्निर्माण का आरम्भ भारत की स्वतन्त्रता के पश्चात् लौहपुरुष सरदार वल्लभ भाई पटेल ने करवाया और पहली दिसम्बर 1955 को भारत के राष्ट्रपति डॉ राजेंद्र प्रसाद जी ने इसे राष्ट्र को समर्पित किया। सोमनाथ मन्दिर विश्व प्रसिद्ध धार्मिक व पर्यटन स्थल है। मन्दिर प्रांगण में रात साढ़े सात से साढ़े आठ बजे तक एक घण्टे का साउण्ड एण्ड लाइट शो चलता है, जिसमें सोमनाथ मन्दिर के इतिहास का बड़ा ही सुन्दर सचित्र वर्णन किया जाता है। लोककथाओं के अनुसार यहीं श्रीकृष्ण ने देहत्याग किया था। इस कारण इस क्षेत्र का और भी महत्त्व बढ़ गया।

सोमनाथजी के मन्दिर की व्यवस्था और संचालन का कार्य सोमनाथ ट्रस्ट के अधीन है। सरकार ने ट्रस्ट को जमीन, बाग-बगीचे देकर आय का

प्रबन्ध किया है। यह तीर्थ पितृगणों के श्राद्ध, नारायण बलि आदि कर्मो के लिए भी प्रसिद्ध है। चैत्र, भाद्रपद, कार्तिक माह में यहाँ श्राद्ध करने का विशेष महत्व बताया गया है। इन तीन महीनों में यहाँ श्रद्धालुओं की बड़ी भीड़ लगती है। इसके अलावा यहाँ तीन नदियों हिरण, कपिला और सरस्वती का महासंगम होता है। इस त्रिवेणी स्नान का विशेष महत्व है।

काशी के सोमेश्वर ज्योतिर्लिंग मंदिर

काशी के सोमेश्वर ज्योतिर्लिंग

2

काशी मल्लिकार्जुन ज्योतिर्लिंग

2

काशी मल्लिकार्जुन ज्योतिर्लिंग

वाराणसी में स्थित मल्लिकार्जुन ज्योतिर्लिंग आन्ध्र प्रदेश के कृष्ण नगर जिले में कृष्णा नदी के तट पर श्री शैल पर्वत पर स्थित मल्लिकार्जुन ज्योतिर्लिंग की प्रतिकृति है जो सिगरा से महमूरगंज रोड पर लगभग सौ मीटर बाएं तरफ की गली में स्थित है| सीढ़ियों से ऊपर जाना है|

आन्ध्र प्रदेश - कृष्णा ज़िले- कृष्णा नदी के तट पर श्रीशैल पर्वत पर श्रीमल्लिकार्जुन

आन्ध्र प्रदेश के कृष्णा ज़िले में कृष्णा नदी के तट पर श्रीशैल पर्वत पर श्रीमल्लिकार्जुन विराजमान हैं। इसे दक्षिण का कैलाश कहते हैं। अनेक धर्मग्रन्थों में इस स्थान की महिमा बतायी गई है। महाभारत के अनुसार श्रीशैल पर्वत पर भगवान शिव का पूजन करने से अश्वमेध

यज्ञ करने का फल प्राप्त होता है। कुछ ग्रन्थों में तो यहाँ तक लिखा है कि श्रीशैल के शिखर के दर्शन मात्र करने से दर्शको के सभी प्रकार के कष्ट दूर भाग जाते हैं, उसे अनन्त सुखों की प्राप्ति होती है और आवागमन के चक्कर से मुक्त हो जाता है।

पौराणिक कथानक

शिव पार्वती के पुत्र स्वामी कार्तिकेय और गणेश दोनों भाई विवाह के लिए आपस में कलह करने लगे। कार्तिकेय का कहना था कि वे बड़े हैं, इसलिए उनका विवाह पहले होना चाहिए, किन्तु श्री गणेश अपना विवाह पहले करना चाहते थे। इस झगड़े पर फैसला देने के लिए दोनों अपने माता-पिता भवानी और शंकर के पास पहुँचे। उनके माता-पिता ने कहा कि तुम दोनों में जो कोई इस पृथ्वी की परिक्रमा करके पहले यहाँ आ जाएगा, उसी का विवाह पहले होगा। शर्त सुनते ही कार्तिकेय जी पृथ्वी की परिक्रमा करने के लिए दौड़ पड़े। इधर स्थूलकाय श्री गणेश जी और उनका वाहन भी चूहा, भला इतनी शीघ्रता से वे परिक्रमा कैसे कर सकते थे। गणेश जी के सामने भारी समस्या उपस्थित थी। श्रीगणेश जी शरीर से ज़रूर स्थूल हैं, किन्तु वे बुद्धि के सागर हैं। उन्होंने कुछ सोच-विचार किया और अपनी माता पार्वती तथा पिता देवाधिदेव महेश्वर से एक आसन पर बैठने का आग्रह किया। उन दोनों के आसन पर बैठ जाने के बाद श्रीगणेश ने उनकी सात परिक्रमा की, फिर विधिवत् पूजन किया-

श्रीशैल पर्वत पर श्रीमल्लिकार्जुन

पित्रोश्च पूजनं कृत्वा प्रकान्तिं च करोति यः।
तस्य वै पृथिवीजन्यं फलं भवति निश्चितम्।।

इस प्रकार श्रीगणेश माता-पिता की परिक्रमा करके पृथ्वी की परिक्रमा से प्राप्त होने वाले फल की प्राप्ति के अधिकारी बन गये। उनकी चतुर बुद्धि को देख कर शिव और पार्वती दोनों बहुत प्रसन्न हुए और उन्होंने श्रीगणेश का विवाह भी करा दिया। जिस समय स्वामी कार्तिकेय सम्पूर्ण पृथ्वी की परिक्रमा करके वापस आये, उस समय श्रीगणेश जी का विवाह विश्वरूप प्रजापति की पुत्रियों सिद्धि और बुद्धि के साथ हो चुका था। इतना ही नहीं श्री गणेशजी को उनकी 'सिद्धि' नामक पत्नी से 'क्षेम' तथा बुद्धि नामक पत्नी से 'लाभ', ये दो पुत्ररत्न भी मिल गये थे। भ्रमणशील और जगत् का कल्याण करने वाले देवर्षि नारद ने स्वामी कार्तिकेय से यह सारा वृतांत कहा सुनाया। श्रीगणेश का विवाह और उन्हें पुत्र लाभ का समाचार सुनकर स्वामी कार्तिकेय जल उठे। इस प्रकरण से नाराज़ कार्तिक ने शिष्टाचार का पालन करते हुए अपने माता-पिता के चरण छुए और वहाँ से चल दिये।

माता-पिता से अलग होकर कार्तिक स्वामी क्रौंच पर्वत पर रहने लगे। शिव और पार्वती ने अपने पुत्र कार्तिकेय को समझा-बुझाकर बुलाने हेतु देवर्षि नारद को क्रौंचपर्वत पर भेजा। देवर्षि नारद ने बहुत प्रकार से स्वामी को मनाने का प्रयास किया, किन्तु वे वापस नहीं आये। उसके बाद कोमल हृदय माता पार्वती पुत्र स्नेह में व्याकुल हो उठीं। वे भगवान शिव जी को लेकर क्रौंच पर्वत पर पहुँच गईं। इधर स्वामी कार्तिकेय को क्रौंच पर्वत अपने माता-पिता के आगमन की सूचना मिल गई और वे वहाँ से तीन योजन अर्थात् छतीस किलोमीटर दूर चले गये। कार्तिकेय

के चले जाने पर भगवान शिव उस क्रौंच पर्वत पर ज्योतिर्लिंग के रूप में प्रकट हो गये तभी से वे 'मल्लिकार्जुन' ज्योतिर्लिंग के नाम से प्रसिद्ध हुए। 'मल्लिका' माता पार्वती का नाम है, जबकि 'अर्जुन' भगवान शंकर को कहा जाता है। इस प्रकार सम्मिलित रूप से 'मल्लिकार्जुन' नाम उक्त ज्योतिर्लिंग का जगत् में प्रसिद्ध हुआ।

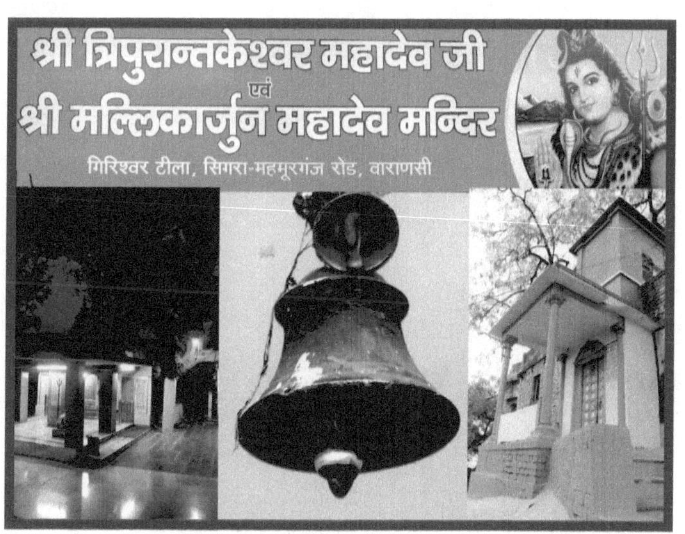

काशी मल्लिकार्जुन ज्योतिर्लिंग

काशी मल्लिकार्जुन ज्योतिर्लिंग

3

काशी महाकालेश्वर ज्योतिर्लिंग

3

काशी महाकालेश्वर ज्योतिर्लिंग

वाराणसी में स्थित महाकालेश्वर ज्योतिर्लिंग मध्य प्रदेश में क्षिप्रा नदी के तट पर उज्जैन नामक नगरी में विराजमान महाकालेश्वर ज्योतिर्लिंग की प्रतिकृति है। काशीखण्ड के अनुसार वाराणसी में महाकालेश्वर ज्योतिर्लिंग मैदागिन क्षेत्र में महामृत्युंजय महादेव मन्दिर परिसर में स्थित है।

उज्जैन का महाकालेश्वर मंदिर भारत के बारह ज्योतिर्लिंगों में से एक है।

यह मध्यप्रदेश राज्य के उज्जैन नगर में स्थित, महाकालेश्वर भगवान का प्रमुख मंदिर है। पुराणों, महाभारत और कालिदास जैसे महाकवियों की रचनाओं में इस मंदिर का मनोहर वर्णन मिलता है। स्वयंभू, भव्य और दक्षिणमुखी होने के कारण महाकालेश्वर महादेव की अत्यन्त पुण्यदायी महत्ता है। इसके दर्शन मात्र से ही मोक्ष की प्राप्ति हो जाती है, ऐसी मान्यता है।

महाकवि कालिदास ने मेघदूत में उज्जयिनी की चर्चा करते हुए इस

मंदिर की प्रशंसा की है। १२३५ ई. में इल्तुत्मिश के द्वारा इस प्राचीन मंदिर का विध्वंस किए जाने के बाद से यहां जो भी शासक रहे, उन्होंने इस मंदिर के जीर्णोद्धार और सौन्दर्यीकरण की ओर विशेष ध्यान दिया, इसीलिए मंदिर अपने वर्तमान स्वरूप को प्राप्त कर सका है। प्रतिवर्ष और सिंहस्थ के पूर्व इस मंदिर को सुसज्जित किया जाता है।

काशी महाकालेश्वर ज्योतिर्लिंग

काशी महाकालेश्वर ज्योतिर्लिंग

3

काशी ओंकारेश्वर ज्योतिर्लिंग

4

काशी ओंकारेश्वर ज्योतिर्लिंग

वाराणसी में स्थित ओंकारेश्वर ज्योतिर्लिंग मध्य प्रदेश में नर्मदा नदी के तट पर मान्धाता नगरी में विराजमान ओंकारेश्वर ज्योतिर्लिंग की प्रतिकृति है। काशी खण्ड के अनुसार वाराणसी में ओंकारेश्वर ज्योतिर्लिंग मछोदरी में ओंकारेश्वर मोहल्ले में स्थित है।

मध्य प्रदेश ओंकारेश्वर ज्योतिर्लिंग

ॐकारेश्वर एक हिन्दू मंदिर है। यह मध्य प्रदेश के खंडवा जिले में स्थित है। यह नर्मदा नदी के बीच मन्धाता या शिवपुरी नामक द्वीप पर स्थित है। यह भगवान शिव के बारह ज्योतिर्लिंगओं में से एक है , सदियों पहले भील जनजाति ने इस जगह पर लोगो की बरितयां बसाई और अब यह जगह अपनी भव्यता और इतिहास से प्रसिद्ध है । यह यहां के मोरटक्का गांव से लगभग (14 कि॰मी॰) दूर बसा है। यह द्वीप हिन्दू पवित्र चिन्ह ॐ के आकार में बना है। यहां दो मंदिर स्थित हैं।

मध्य प्रदेश - ओंकारेश्वर ज्योतिर्लिंग

(1) ॐकारेश्वर (2) ममलेश्वर

ॐकारेश्वर का निर्माण नर्मदा नदी से स्वतः ही हुआ है। यह नदी भारत की पवित्रतम नदियों में से एक है और अब इस पर विश्व का सर्वाधिक बड़ा बांध परियोजना का निर्माण हो रहा है।

जिस ओंकार शब्द का उच्चारण सर्वप्रथम सृष्टिकर्ता विधाता के मुख से हुआ, वेद का पाठ इसके उच्चारण किए बिना नहीं होता है। इस ओंकार का भौतिक विग्रह ओंकार क्षेत्र है। इसमें 68 तीर्थ हैं। यहाँ 33 कोटि देवता परिवार सहित निवास करते हैं तथा 2 ज्योतिस्वरूप लिंगों सहित 108 प्रभावशाली शिवलिंग हैं। मध्यप्रदेश में देश के प्रसिद्ध 12 ज्योतिर्लिंगों में से 2 ज्योतिर्लिंग विराजमान हैं। एक उज्जैन में महाकाल के रूप में और दूसरा ओंकारेश्वर में ओम्कारेश्वर- ममलेश्वर के रूप में विराजमान हैं।

काशी ओंकारेश्वर ज्योतिर्लिंग

काशी ओंकारेश्वर ज्योतिर्लिंग

काशी ओंकारेश्वर ज्योतिर्लिंग - (आकार)

काशी ओंकारेश्वर ज्योतिर्लिंग - (उकार)

काशी ओंकारेश्वर ज्योतिर्लिंग - (मकार)

5

काशी केदारेश्वर ज्योतिर्लिंग

5

काशी केदारेश्वर ज्योतिर्लिंग

शिव पुराण के अनुसार केदारनाथ, हिमालय के केदार पर्वत में मन्दाकिनी के पश्चिमी दिशा में स्थित है। वाराणसी के सोनारपुरा-केदार घाट पर स्थित केदारेश्वर ज्योतिर्लिंग हिमालय के केदारनाथ की प्रतिकृति है।

हिमालय केदारनाथ ज्योतिर्लिंग

हिमालय केदारनाथ मन्दिर भारत के उत्तराखंड राज्य के रुद्रप्रयाग जिले में स्थित हिन्दुओं का प्रसिद्ध मंदिर है।

उत्तराखण्ड में हिमालय पर्वत की गोद में केदारनाथ मन्दिर बारह ज्योतिर्लिंग में सम्मिलित होने के साथ चार धाम और पंच केदार में से भी एक है। यहाँ की प्रतिकूल जलवायु के कारण यह मन्दिर अप्रैल से नवंबर माह के मध्य ही दर्शन के लिए खुलता है।

पत्थरों से बने कत्यूरी शैली से बने इस मन्दिर के बारे में कहा जाता है कि इसका निर्माण पाण्डवों के पौत्र महाराजा जन्मेजय ने कराया था। यहाँ स्थित स्वयम्भू शिवलिंग अति प्राचीन है। आदि शंकराचार्य ने इस मन्दिर का जीर्णोद्धार करवाया।

जून २०१३ के दौरान भारत के उत्तराखण्ड और हिमाचल प्रदेश राज्यों में अचानक आई बाढ़ और भूस्खलन के कारण केदारनाथ सबसे अधिक प्रभावित क्षेत्र रहा। मंदिर के आसपास की मकानें बह गई ।इस

ऐतिहासिक मन्दिर का मुख्य हिस्सा एवं सदियों पुराना गुंबद सुरक्षित रहे लेकिन मन्दिर का प्रवेश द्वार और उसके आस-पास का इलाका पूरी तरह तबाह हो गया। भगवान शिव जी का स्थान है|

काशी केदारेश्वर ज्योतिर्लिंग

काशी केदारेश्वर ज्योतिर्लिंग

6

काशी भीमाशंकर ज्योतिर्लिंग

6

काशी भीमाशंकर ज्योतिर्लिंग

वाराणसी में स्थित भीमेश्वर ज्योतिर्लिंग महाराष्ट्र के पुणे क्षेत्र में सह्य पर्वत पर स्थित भीमाशंकर ज्योतिर्लिंग की प्रतिकृति है। काशीखण्ड के अनुसार वाराणसी में स्थित भीमेश्वर ज्योतिर्लिंग काशी करवट मंदिर में स्थापित है।

भीमाशंकर मंदिर भोरगिरि गांव खेड़ से 50 कि.मि. उत्तर-पश्चिम पुणे से 110 कि.मि में स्थित है। यह पश्चिमी घाट के सह्याद्रि पर्वत पर स्थित है। यहीं से भीमा नदी भी निकलती है। यह दक्षिण पश्चिम दिशा में बहती हुई रायचूर जिले में कृष्णा नदी से जा मिलती है। यहां भगवान शिव का प्रसिद्ध ज्योतिर्लिंग है।

महाराष्ट्र में पुणे भीमाशंकर ज्योतिर्लिंग

काशी भीमाशंकर ज्योतिर्लिंग

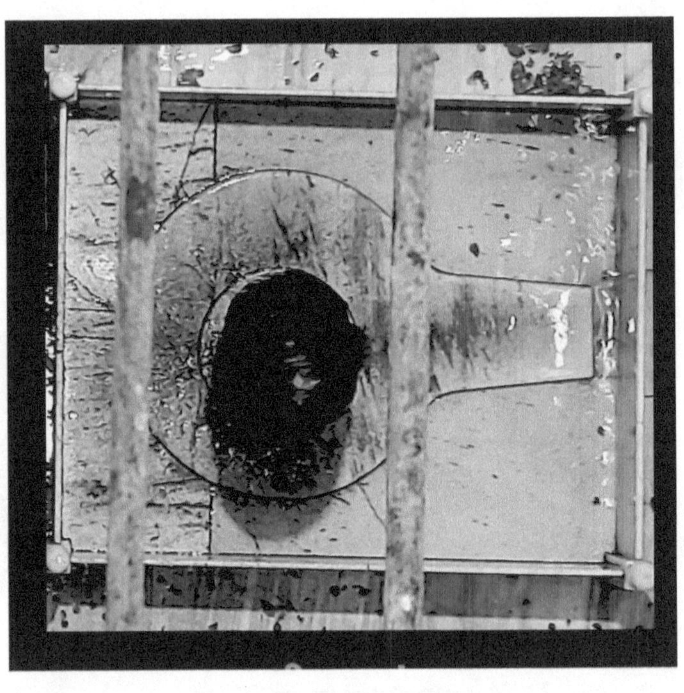

काशी भीमाशंकर ज्योतिर्लिंग

7

काशी विश्वेश्वर ज्योतिर्लिंग

7

काशी विश्वेश्वर महादेव मंदिर

विश्वेश्वर मंदिर यानि काशी विश्वनाथ मंदिर, भारत के प्रमुख 12 ज्योतिर्लिंगों में से एक है जो वाराणसी के ज्ञानवापि में स्थित है।

काशी विश्वेश्वर ज्योतिर्लिंग

काशी विश्वनाथ मंदिर बारह ज्योतिर्लिंगों में से एक है। यह मंदिर पिछले कई हजार वर्षों से वाराणसी में स्थित है। काशी विश्वनाथ मंदिर का हिंदू धर्म में एक विशिष्ट स्थान है। ऐसा माना जाता है कि एक बार इस मंदिर के दर्शन करने और पवित्र गंगा में स्नान कर लेने से मोक्ष की प्राप्ति होती है।

इस मंदिर में दर्शन करने के लिए आदि शंकराचार्य, सन्त एकनाथ, रामकृष्ण परमहंस, स्वामी विवेकानंद, महर्षि दयानंद, गोस्वामी तुलसीदास सभी का आगमन हुआ है। यहीं पर सन्त एकनाथजी ने वारकरी सम्प्रदाय का महान ग्रन्थ श्रीएकनाथी भागवत लिखकर पूरा

किया और काशीनरेश तथा विद्वतजनों द्वारा उस ग्रन्थ की हाथी पर धूमधाम से शोभायात्रा निकाली गयी।

महाशिवरात्रि की मध्य रात्रि में प्रमुख मंदिरों से भव्य शोभा यात्रा ढोल नगाड़े इत्यादि के साथ बाबा विश्वनाथ जी के मंदिर तक जाती है।

काशी विश्वेश्वर महादेव मंदिर

प्रधानमंत्री श्री नरेन्द्र मोदी के दृढ़ संकल्प से काशी कारीडोर के अन्तर्गत काशी विश्वनाथ जी के मंदिर का विस्तार किया गया जो अद्भुत अकल्पनीय साथ ही आश्चर्य जनित भी है प्रत्येक काशी वासियों ने ऐसी परिकल्पना भी नहीं की होगी| माननीय प्रधानमंत्री मोदी जी ने 8 मार्च 2019 को काशी विश्वनाथ कारीडोर का शिलान्यास किया गया लगभग 32 महिनों के अनवरत निर्माण कार्य के बाद 13 दिसम्बर 2021 मोदी जी द्वारा लोकार्पण किया गया|

ललिता घाट के रास्ते प्रथम भारत माता के दर्शन होते हैं फिर अहिल्या बाई की मूर्ति है आगे चलकर ज्ञानवापी में नंदी जी के दर्शन एवं स्पर्श करने की सुविधा है जो आज के पूर्व संभव नहीं था|

8

काशी त्र्यंबकेश्वर ज्योतिर्लिंग

8

काशी त्रयंबकेश्वर ज्योतिर्लिंग

त्रयंबकेश्वर ज्योतिर्लिंग महाराष्ट्र के नासिक जिले में ब्रह्मगिरि के पास गोदावरी नदी के तट पर स्थित है। वाराणसी में त्रयंबकेश्वर ज्योतिर्लिंग को बड़ादेव मोहल्ले के पुरुषोत्तम मंदिर में त्रिलोकनाथ नाम से भी जाना जाता है जो नासिक के त्रयंबकेश्वर मंदिर की एक प्रतिकृति है।

महाराष्ट्र - नासिक - त्र्यम्बकेश्वर ज्योतिर्लिंग

त्र्यम्बकेश्वर ज्योतिर्लिंग गन्दिर महाराष्ट्र प्रांत के नासिक जिले में त्रयंबक गांव में हैं। यहां के निकटवर्ती ब्रह्म गिरि नामक पर्वत से गोदावरी नदी का उद्गम है। इन्हीं पुण्यतोया गोदावरी के उद्गम-स्थान के समीप स्थित त्र्यम्बकेश्वर-भगवान की भी बड़ी महिमा हैं गौतम ऋषि तथा गोदावरी के प्रार्थनानुसार भगवान शिव इस स्थान में वास

करने की कृपा की और त्र्यम्बकेश्वर नाम से विख्यात हुए।

महाराष्ट्र - नासिक - त्र्यम्बकेश्वर ज्योर्तिलिंग

मंदिर के अंदर एक छोटे से गढ्ढे में तीन छोटे-छोटे लिंग है, ब्रह्मा, विष्णु और शिव- इन तीनों देवों के प्रतीक माने जाते हैं। शिवपुराण के अनुसार ब्रह्मगिरि पर्वत के ऊपर जाने के लिये चौड़ी-चौड़ी सात सौ सीढ़ियाँ बनी हुई हैं। इन सीढ़ियों पर चढ़ने के बाद 'रामकुण्ड' और 'लष्मणकुण्ड' मिलते हैं और शिखर के ऊपर पहुँचने पर गोमुख से निकलती हुई भगवती गोदावरी के दर्शन होते हैं।

काशी त्रयंबकेश्वर ज्योतिर्लिंग

काशी त्र्यंबकेश्वर ज्योतिर्लिंग

9

काशी वैद्यनाथ ज्योतिर्लिंग

९

काशी वैद्यनाथ ज्योतिर्लिंग

वाराणसी में स्थित वैद्यनाथ ज्योतिर्लिंग झारखण्ड में संथाल परगना में पूर्व रेलवे के जसीडीह स्टेशन के पास स्थित वैद्यनाथ ज्योतिर्लिंग की प्रतिकृति है। काशीखण्ड के अनुसार वाराणसी में स्थित वैद्यनाथ कमच्छा क्षेत्र में बैजनत्था नाम से प्रसिद्ध है।

झारखण्ड वैद्यनाथ ज्योतिर्लिंग

वैद्यनाथ मन्दिर भारतवर्ष के झारखण्ड राज्य के देवघर नामक स्थान में अवस्थित एक प्रसिद्ध मंदिर है। शिव का एक नाम 'वैद्यनाथ भी है, इस कारण लोग इसे 'वैद्यनाथ धाम' भी कहते हैं। यह एक सिद्धपीठ है। इस कारण इस लिंग को "कामना लिंग" भी कहा जाता हैं।

देवघर में शिव का अत्यन्त पवित्र और भव्य मन्दिर स्थित है। हर वर्ष सावन के महीने में स्रावण मेला लगता है जिसमें लाखों श्रद्धालु "बोल-बम!" "बोल-बम!" का जयकारा लगाते हुए बाबा भोलेनाथ के दर्शन करने आते हैं। ये सभी श्रद्धालु सुल्तानगंज से पवित्र गंगा का जल लेकर लगभग सौ किलोमीटर की अत्यन्त कठिन पैदल यात्रा कर बाबा को जल चढ़ाते हैं।

काशी वैद्यनाथ ज्योतिर्लिंग

***

10

काशी नागेश्वर ज्योतिर्लिंग

10

काशी नागेश्वर ज्योतिर्लिंग

वाराणसी में स्थित नागेश्वर ज्योतिर्लिंग गुजरात के द्वारका में ईशान कोण से 12-13 मील दूर स्थित नागेश्वर ज्योतिर्लिंग की प्रतिकृति है। काशी खण्ड के अनुसार नागेश्वर ज्योतिर्लिंग वाराणसी के राम घाट एवं भोसले घाट के बीच स्थित है।

गुजरात - द्वारका - नागेश्वर ज्योतिर्लिंग

नागेश्वर मन्दिर एक प्रसिद्द मन्दिर है जो भगवान शिव को समर्पित है। यह द्वारका, गुजरात के बाहरी क्षेत्र में स्थित है। यह शिव जी के बारह ज्योतिर्लिंगों में से एक है। हिन्दू धर्म के अनुसार नागेश्वर अर्थात नागों का ईश्वर होता है। यह विष आदि से बचाव का सांकेतिक भी है। रुद्र संहिता में इन भगवान को दारुकावने नागेशं कहा गया है। भगवान् शिव का यह प्रसिद्ध ज्योतिर्लिंग गुजरात प्रांत में द्वारका पुरी से लगभग 17 मील की दूरी पर स्थित है। इस पवित्र ज्योतिर्लिंग के दर्शन की शास्त्रों में बड़ी महिमा बताई गई है। कहा गया है कि जो श्रद्धापूर्वक इसकी उत्पत्ति और माहात्म्य की कथा सुनेगा वह सारे पापों से छुटकारा पाकर समस्त सुखों का भोग करता हुआ अंत में भगवान् शिव के परम पवित्र दिव्य धाम को प्राप्त होगा।

काशी नागेश्वर ज्योतिर्लिंग

काशी नागेश्वर ज्योतिर्लिंग

11

काशी रामेश्वर ज्योतिर्लिंग

11
काशी रामेश्वर ज्योतिर्लिंग

वाराणसी में स्थित रामेश्वर ज्योतिर्लिंग तमिलनाडु में समुद्र के तट पर स्थित रामेश्वर ज्योतिर्लिंग की प्रतिकृति है। शिव महापुराण के अनुसार इस ज्योतिर्लिंग को त्रेता युग में भगवान् राम ने स्थापित किया था। काशी खण्ड के अनुसार वाराणसी में मंदिर का स्थान मान मंदिर मोहल्ले में स्थित है।

तमिलनाडु के रामनाथपुरम रामेश्वर ज्योतिर्लिंग

रामेश्वरम हिंदुओं का एक पवित्र तीर्थ है। यह तमिलनाडु के रामनाथपुरम जिले में स्थित है। यह तीर्थ हिन्दुओं के चार धामों में से एक है। इसके अलावा यहां स्थापित शिवलिंग बारह द्वादश ज्योतिर्लिंगों में से एक माना जाता है।

तमिलनाडु के रामनाथपुरम रामेश्वर ज्योतिर्लिंग

भारत के उत्तर मे काशी की जो मान्यता है, वही दक्षिण में रामेश्वरम् की है। रामेश्वरम चेन्नई से लगभग सवा चार सौ मील दक्षिण-पूर्व में है। यह हिंद महासागर और बंगाल की खाड़ी से चारों ओर से घिरा हुआ एक सुंदर शंख आकार द्वीप है। बहुत पहले यह द्वीप भारत की मुख्य भूमि के साथ जुड़ा हुआ था, परन्तु बाद में सागर की लहरों ने इस मिलाने वाली कड़ी को काट डाला, जिससे वह चारों ओर पानी से घिरकर टापू बन गया।

यहां भगवान राम ने लंका पर चढ़ाई करने से पूर्व पत्थरों के सेतु का निर्माण करवाया था, जिसपर चढ़कर वानर सेना लंका पहुंची व वहां विजय पाई। बाद में राम ने विभीषण के अनुरोध पर धनुषकोटि नामक स्थान पर यह सेतु तोड़ दिया था। आज भी इस ३० मील (४८ कि.मी) लंबे आदि-सेतु के अवशेष सागर में दिखाई देते हैं। यहां के मंदिर के तीसरे

प्रकार का गलियारा विश्व का सबसे लंबा गलियारा है।

काशी रामेश्वर ज्योतिर्लिंग

12

काशी घृष्णेश्वर ज्योतिर्लिंग

12

काशी घृष्णेश्वर ज्योतिर्लिंग

काशी में स्थित घृष्णेश्वर ज्योतिर्लिंग महाराष्ट्र राज्य के अंतर्गत दौलताबाद स्टेशन से 12 मील दूर बेरूल गांव के समीप स्थित घृष्णेश्वर ज्योतिर्लिंग की प्रतिकृति है जो द्वादश ज्योतिर्लिंगों में से एक है। काशी खण्ड के अनुसार वाराणसी में घृष्णेश्वर ज्योतिर्लिंग बटुक भैरव के निकट कामाख्या मंदिर में स्थित है।

महाराष्ट्र घृष्णेश्वर ज्योतिर्लिंग

महाराष्ट्र में औरंगाबाद के नजदीक दौलताबाद से 11 किलोमीटर दूर घृष्णेश्वर महादेव का मंदिर स्थित है। यह बारह ज्योतिर्लिंगों में से एक है। कुछ लोग इसे घुश्मेश्वर के नाम से भी पुकारते हैं। बौद्ध भिक्षुओं द्वारा निर्मित एलोरा की प्रसिद्ध गुफाएँ इस मंदिर के समीप ही स्थित हैं। इस मंदिर का निर्माण देवी अहिल्याबाई होल्कर ने करवाया था। शहर से दूर स्थित यह मंदिर सादगी से परिपूर्ण है। द्वादश ज्योतिर्लिंगों में यह अंतिम ज्योतिर्लिंग है। इसे घुश्मेश्वर, घुसृणेश्वर या घृष्णेश्वर भी कहा जाता है। यह महाराष्ट्र प्रदेश में दौलताबाद से बारह मीर दूर वेरुलगाँव के पास स्थित है।

काशी घृष्णेश्वर ज्योतिर्लिंग

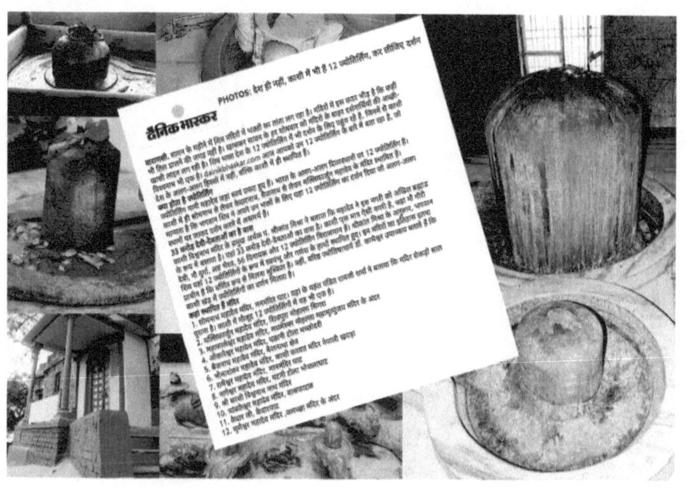

Credit And Reference

Text and Photo Credit : Wikipedia & Google
for following temples

1. Gujarat Somnath Temple
2. Andhra Pradesh Sreeshilam Mallikarjun Temple
3. Ujjain Mahakaleshwar Temple
4. Madhya Pradesh Omkareshwar Jyotirling Temple
5. Himalay Kedarnath Jyotirling Temple
6. Pune Bheemashankar Jyotirling Temple
7. Picture Credit : Google
8. Maharashtra Nasik Trayambakeshwar Jyotirling
9. Jharkhand Jyotirling Temple
10. Gujarat Nageshwar Jyotirling Temple
11. Tamilnadu Rameshwaram Jyotirling Temple
12. Maharashtra Grishneshwar Jyotirling

All other Kashi Jyotirling Photos except Kashi Vishwanath
are taken by Shreya Garg, Former applied art Student of
Banaras Hindu University a Resident of Bihar State.